Indaco

Il colore dell'anima

Indaco
Il colore dell'anima

Flavia Smadelli

AIM INTERNATIONAL PUBLISHING

Dedica

Dedico questa raccolta di poesie al mio
indimenticato fratello Glauco,
assente non giustificato,
da questo mondo.

INDICE

A mia Madre

Ed io continuerò
a parlare di te
infilando collane di fiori e ricordi,

camminando
per le vie dei tuoi anni
e della tua lunga vita,

guardando
con quei tuoi occhi grandi e pensosi
di bambina sola
un mare lontano
e strade di polvere, lacrime ed esilio,

seguendo
i gesti familiari nella tua casa,
fra oggetti cari e fiori al balcone,
in quelle stanze luminose
dove risuona la tua voce sottile e chiara,

e dove il mio cuore testardo
ancora si aggira,
e si stupisce,
e non può capire
perché tu non sia più qui
su questa Terra.

Indaco

Arde
la vita mia.

Brucia e consuma
dita di cera
che contano i giorni
su calendari stanchi.

Un turbinìo
di ceneri
nell'aria danza.

Solo rimane
l'indaco del cielo.

Pioggia

*Tutto tace
quando piove.
La regina dei cieli
canta e ride.*

*Lontano. Vicino.
Copre gli alberi, la Terra e tutto,
con i suoi doni.
L'aria è una coltre
di luce e di gemme preziose.*

*Minuscoli sonagli
tintinnando danzano.*

*Quando decide,
la musica cessa
e sparisce.*

Fuori la pioggia scroscia

Fuori la pioggia scroscia
entra e t'allaga l'anima.
Bagna il tuo sogno muto.

Dormi, e negli occhi tuoi,
come in terre lontane,
antichi cavalieri corrono
su veloci destrieri.

Sonno profondo
vuoto, assenza.

Solo il tuo cuore danza,
e fuori la pioggia scroscia.

Sul lago

*Sul lago verde e addormentato
corre a piccoli passi il vento,
scivola e inciampa nella seta
trasparente e leggera dell'acqua.*

*Sul lago verde e addormentato
diamanti e giade, e tempeste di stelle,
a migliaia scintillano.*

*È l'eterno fulgore
degli occhi che guardano
e sfiorano quell'acqua.
È l'immobile pace delle loro anime.*

Gabbiani 2016

Controluce
Trasparenti, bianchi corpicini
si dondolano in cielo.

Planando inseguono
brevi sentieri di vento e d'aria.
Forse senza scopo.

Candide, piccole vele
scivolano in mare.
Lontano.

Cavalcando le spume dell'onda.
Barchette di carta
Leggere che all'improvviso si levano
in un volo regale.

Puntano archi in cielo
e rincorrono il suono,
nell'intrepida, libera avventura,
verso il mistero
di un rapido destino:
d'acqua e d'aria.

Autunno

La luce rallenta
sulle cime degli alberi
nelle foglie dorate
fra le dita sottili dell'autunno,
sulle barche che dormono sull'acqua
e si dondolano piano.

Senza vento le rondini,
messaggere del cielo,
rapide corrono alle porte d'oriente.
Qualcuna s'abbassa e a volo radente
bacia il mare.

Senza paura la Terra silenziosa
attende il suo mutare
così vicino alla morte,
e trattiene il respiro.

È silenzio

È silenzio
sulla rosa ferma d'autunno
sul Mare in tempesta
e nel vento,
sull'albero fiorito
e nel canto dell'usignolo
al tramonto.

Ultime rose

Ultime rose
calici di gioia
alzati nell'aria d'autunno
luci silenziose
tra il profumo delle nespole in fiore.

Rose dell'attimo
prima del grande Sonno.

Nebbia

Non cade la neve
e la nebbia, giocoliere del Nulla,
avanza
striscia, invade, pervade, stravolge l'aria
e soffoca la luce.

Latte e veleno.
Avvolge, ruba e copre, deforma
persone e cose
che, come ombre, senza orizzonte
sospese
appaiono, scompaiono, danzano
e inciampano nel velo di Maya.

Il pensiero traballa, s'impiglia e si dibatte
nella rete sottile.

Il cuore si appanna.
È cominciato il Sogno.

Siamo

Nati dal suono
e dalla polvere d'oro di stelle e conchiglie.

Siamo
come le nubi che passano
nelle notti d'estate.

Siamo
come le ombre sulla Terra
degli uccelli in volo.

A piedi nudi

A piedi nudi sul Mare
cammina l'alba
con pallide rose e mantelli di seta.

Mentre in cielo si consuma la Luna.

Aria di vetro
sulle colline immobili
e alberi muti
che trepidanti aspettano
la danza eterna del Sole.

È tutto ciò

L'orizzonte
tra gli occhi socchiusi
rubato
azzurro e lontano.

Le mani che inseguono tra le parole il Vento.
È tutto ciò che resta
di un giorno di Mare.

Chiaro di Luna

*Dal colle sale rapida la Luna
consumando
tutte le stelle in cielo.*

*Un mare di latte e d'argento
s'adagia
calando sulle vigne e sui campi.*

*Tremano le viti
dondolando leggere i tralci
mentre i campi si sbiancano
e si allungano senza confini.*

*Il battito del cuore
s'affonda
in quel silenzio luccicante e puro
che immobile abbraccia ogni cosa
e la rende immortale.*

Luna di giorno

Tutte le stelle sono ormai celate.
E la Luna,
non più regina della notte,
conchiglia d'argento
e lanterna accesa sul mare oscuro,
luminosa signora dell'estate,
enigma degli amanti,
ha finito i suoi giochi.

Candida pergamena sospesa,
trasparente simulacro del nulla,
lentamente si dissolve
e, perdendo i contorni,
di fronte al Sole si consuma.

Notte di Luna

La Luna
tonda e lucente
nel folto degli alberi caduta.

Battiti d'ali sospese
tra le foglie d'argento,
nei nidi nascosti.

Il misterioso odore del buio.
Tace la notte.
Nell'anima dilaga
il canto misterioso e dolce
di un usignolo.

Come un sogno perduto.
L'eterno palpitar delle infinite stelle.

Maggio

Glicini, rose e gelsomini
nel giardino dell'Amore.
E l'usignolo cantava.

Maggio.

Notti scure e tiepidi silenzi.
Senza tempo e memorie
L'usignolo sognava.

Ma scelse la rosa dalle lunghe spine
per morire d'amore.

Vide le stelle di una notte chiara
e la perla dell'alba
e un giorno ancora.

Con la gola trafitta finì il suo canto,
e le dolci armonie si spensero
fra gli orti addormentati.

Rondini

*Da sempre seguono
il palpitar delle stelle
e la rotta del Sole.*

*Frecce dell'anima
all'arco della tua libertà
puntano a vie lontane.*

*Ali di verità
s'inseguono e sostengono,
al centro della luce,
il Vuoto.*

Nell'alto volo del falco

Nell'alto volo del falco
e nel silenzio immobile
dei suoi giri radenti
hai nascosto il tuo cuore.

Nel più profondo mare,
dove i verdi cavalli dell'onde
precipitano urlando,
dove i ricordi si arenano
in bianchi coralli di assenza,
hai nascosto il tuo cuore.

Ma dove Cielo e Mare
sorridendo si incontrano
nell'eterno gioco del Tempo
il tuo Cuore rifulge
come stella lucente e immortale.

Quel Mare

Quel Mare
che tiene per sempre addormentate
nell'ultimo abbraccio mortale
le navi,
come bare sfasciate,
sul fondo sabbioso.

Nel buio segreto delle stive
sigillate dal tempo
sguardi e sospiri disperati
rimangono;

e nelle bocche spalancate
di anfore sparse
si rincorrono canti di marinai
perduti.

Quel Mare
dallo sguardo lungo
rapido e scintillante
di un glorioso sole;
che corre e scivola
e inciampa nell'onda.

Quel Mare innocente
di trasparenti e lucide lune;
rapido dondolio di stelle;
che gioca sulla spiaggia
con sassi e conchiglie,

infila collane di perle e di spuma,
suona col vento
parla col Sole.

Quell'abbraccio infinito.

Mari del Sud

Mari del Sud:
parole come onde
dove galleggiano i sogni.

Tramonti nei cieli di seta
che annegano il cuore
senza malinconia.

Lune di perla.
Il silenzio che luccica
come lastra d'argento e di vetro.

Ognuno cammina
portando il suo tempo
nei Mari del Sud.

La notte ricorda

La notte ricorda
la spiaggia deserta
e tutti gli sguardi
sul mare scuro e fondo
di pesci muti.

La notte ricorda
i sospiri dei corpi abbandonati,
il sogno delle stelle
e la veglia insonne
della lucente Luna;

le lucciole vaganti
con lanterne dorate,
e le voci dei grilli
come tristi violini.

Le carezze e i fiori di amori lontani,
ed anime che cercano gli assenti;
navi che scivolano
sull'acqua silenziosa
salutando la Terra.

Ricorda
il vento dei tempi
per sempre perduti,
e aspetta quieta
gli occhi chiari dell'alba.

Mare

Spume d'argento, liquidi cristalli
d'ametista
e scintillìo di stelle cadute,
a migliaia.

Ma strade di luce
s'immergono
nel suo cuore sommerso.

Nel silenzio di immobili conchiglie
e nelle stive di navi affogate
risuonano
le dolci canzoni dei marinai perduti
e il mormorio dei pesci.

In buie grotte riposano
il sibilo del vento
l'oro antico del sole
e parole non dette.

Bianche sabbie coprono
segreti di perle e coralli
e imprigionano il tempo.

Senza respiro.

Tramonto sul Mare

Quando alla fine un'onda
copre ed annega il sole,
il fuoco morente abbraccia l'aria
e scintillante l'oro sull'acqua
dilaga,

finché l'ombra viola della sera
non li sprofonda in mare,
dove ormai trema la luna.

Ogni cosa è perduta
nell'ora del silenzio
e la pace lieve cammina
al ritmo di quell'onda scura.

Fermi

Fermi
sulla riva del mare
in silenzio si attende
l'argento del pesce che guizza,
una vela bianca lontana
gonfiata dal vento,

dopo il tramonto la prima stella,
che l'onda si plachi
chiudendo i ventagli di spuma,
e che il Mare si sveli.

Ma l'onda scorre lunga.
Senza fermarsi nasconde e travolge
le sue creature.

V'è solo l'arco lento del gabbiano
in volo. Alto.

È inutile attendere
col cuore negli occhi.

Il guardiano del Mare

Chi sarà mai il guardiano del Mare
Quando corre, innocente fanciullo,
con le briglie leggere del vento,
crestato di bianco e di luce.

O quando
rapido sorge
da spazi e tempi lontani
e fragoroso s'abbatte
spingendo con furia
nelle prigioni dei suoi freddi fondali
navi sfasciate con tutti i marinai.

Giocando con la morte
e con la forza d'antichi segreti.

O quando
trasparente, docile e leggero
si dondola piano
con dolci nenie cullando
le sue lucenti e colorate creature.

Traghettando la luna e tutte le altre stelle.
Chi sarà mai, allora, il Guardiano del Mare?

Nel bosco

Di notte
il mio cuore si espande,
nel buio silenzioso del bosco
s'incammina. Senza stelle.

Un tiepido odore di erbe selvatiche,
il lento respiro degli alberi
che dormono quieti
coi sogni intrecciati tra i rami.

Il vento è muto e tace ogni creatura.

I passi, leggeri e sospesi
tra le ombre scure e fonde
s'inoltrano,
e nelle incerte frontiere del nulla
sprofondano.

Ostuni – I

Candida farfalla di pietra
con l'ali ferme sui colli
e aperte al sole.

Rosa di madreperla antica
al tramonto,
pulsante di stelle lucenti
al chiaro di luna.

Balconi che puntano al cobalto del mare
con sguardi obliqui e silenziosi
come amanti che spiano.

Stucchi, riccioli e volute
fioriscono con grazia
sulle chiese sprofondate nel bianco
abbagliante,
strette nel tormento dei vicoli
che si rincorrono senza respiro
per non lasciare tanta Bellezza.

Ostuni – II

Sogno di un'aquila bianca
che scruta,
dall'alto del suo nido di pietre,
il Mare.

Passi silenziosi
di popoli scomparsi
ancora si rincorrono
tra le case e nei vicoli
dalle strette finestre e dai portoni
chiusi tra i muri
talvolta macchiati dal viola dei fiori.

Libere campane
danzano sospese senza torri
e disegnano il cielo.

Un bianco desiderio di pace
avvolge il cuore, e si abbandona.

Mille anni – per una torre antica

Un cuore che batte
di ferro e di rame.
Mille anni.

La speranza e le perle dell'alba,
l'umida quiete e il viola della sera,
l'immenso delle notti stellate
la paura accecante dei fulmini
l'urlo del vento
e l'eco lugubre del tuono
nascosti nella torre.

I fianchi frustati
dai gelidi, lunghi inverni disperati,
dalla pioggia che scroscia testarda
e dai soli roventi nel fuoco d'agosto.

Intramontabili.
In piedi. Sempre.

Ora s'arrende alla voce roca
di una stanca campana;
con erbe in fiore e timidi nidi d'usignoli
copre le sue ferite.

Vacilla,
e con grazia s'inchina
alla campagna verde e silenziosa.

Inganno

Nel giardino d'inverno
le rose stanno sole
trattenendo il respiro
nel silenzio degli alberi sognanti.

In disparte la statua di una ninfa
guarda,
il capo girato e i fianchi snelli
avvolti da un velo leggero.

Negli occhi di pietra gelata
racchiude
le luci verdi dell'estate
e lune d'argento nelle bianche mani.

Un piccolo piede
sta danzando piano;
i suoi capelli immobili
fermano
il suono di tiepidi venti.

Giocando col tempo.

Non più

*Il fiore
cede i suoi petali al vento
e muore.*

*Poi il vento tace.
La luna viene
e poi scompare.*

*Comincia il giorno.
Più non risuona la tua voce.
Più non ricordo il tuo sorriso.*

*E l'Amore,
testardo guerriero
nemico del tempo,
nel mondo sempre
combatte.*

Passare

Il silenzio verde degli alberi antichi
e del mare fresco di erbe fiorite.

I docili sentieri che con passi di pace
conducono,
e sorprendono con vuote panchine.

Là, dove le parole si spezzano
perdendosi per sempre
in polvere
nel dolce e fermo respiro dell'aria;

dove le stagioni incrociano
un eterno presente.

Niente e nessuno
può fermarsi ed esistere
nell'incanto di quel liquido Nulla:
solo è consentito passare.

Gennaio 2007

*Lascia che le parole cadano
come cade la pioggia
che nella terra s'affonda.*

*Lascia che cadano
senza fermarle:
il silenzio le assorbe
nello spazio senza suono.*

*Lascia che i pensieri cadano
come cade la neve
che nella terra svanisce.*

*Lascia che danzino
senza fermarli:
il Nulla li accoglie
nel suo rotondo Vuoto.*

Gennaio 2009

La neve impone i suoi bianchi silenzi,
lenti sipari s'alzano sul far della notte,
e la candida, solenne serata di gala
apre la fiaba.

Sotto incerti lampioni
risplendono
gli alberi avvolti in preziosi mantelli.

Diademi, perle e ghirlande
trasparenti scintillano
e le case sprofondano
sotto un manto lunare.

Passi da sonnambulo rallentano
si perdono e si chiudono
nella profonda quiete.

Gennaio 2005

*Nell'aria d'inverno
ho udito parole:
le mie? Le tue?*

*Liberi suoni
in un libero gioco
senza padroni
insieme danzavano.
Né mie, né tue.*

28 gennaio 2012

Fumo gelato sui rami degli alberi.
Respiri.
Parole sospese.

Turbinìo di candidi pensieri
nella neve che danza leggera
e nel profumo segreto del Cuore.

Castelvetro

Il quieto respiro delle torri
e il silenzio delle pietre nude,
il vento che s'impiglia nella campana,
in alto,
che s'allunga e scivola
visitando perfette geometrie.

Dall'alto delle vecchie mura
mai stanche
dei molti gloriosi tramonti
lo sguardo sprofonda
perdendosi nel verde, dolce disegno
di orti e vigne lontane.

L'anima allora sogna
cercando,
come un gabbiano,
solo il Mare.

San Polo

Sull'onda di terre dorate
e a tratti scure
salgono a ghirlande le viti
intrecciate e folte,
puntando dritte al cielo,
abbracciate e in silenzio.

All'ombra di querce e castagni
casolari sparsi
con grandi occhi spalancati e neri
aperti tra i sassi.

Talvolta s'appoggia a un portone
un rosso melograno
e l'umile orto fiorisce vicino.

Dall'alto,
dalle buie finestre,
lo sguardo silenzioso delle torri
s'incontra all'alba col sole.

Tramonto a San Polo

Il sole scende:
una corona di fuoco e diamanti
cinge per breve tempo la collina.

Ma l'oro si spegne
e un brivido di vetro
percorre la terra stupita.

La luce agonizza e s'adagia
nella tiepida quiete
improvvisa.

Tacciono le torri dagli occhi vuoti.
In fondo, lontano, c'è il blu
d'altre colline.

L'ultimo uccello, tardivo,
solitario danza
nel viola della sera.

Si attende ormai
l'argento della luna
e il silenzio di quella inafferrabile Bellezza.

Un giorno d'inverno

Turbinìo di candidi cristalli
ipnotica danza leggera
di stelle gelate
nell'immobile cielo.

Forme irreali
evanescenti e fragili sculture.

Alberi di bianchi coralli
dal mare di latte e di luce
compaiono,
e nel silenzio ascoltano,
lieve e impercettibile,
il dolce canto della Neve.

Aprile

Prati e colline laccati di verde
verde smagliante
verde veleno
filtrato dai rami degli alberi
con nebulose chiome rotonde
dai piccoli fiori.

Spighe bianche di miele profumato d'incenso sui cespugli.
Onde di grappoli di inebrianti glicini viola.
Voli di uccelli che disegnano il cielo
pulsante di luce.

Sensi e cuore fremono
storditi e sognanti
per quella rapida e intensa danza della vita.

In primavera gli alberi

Sono mazzi di fiori
offerti sulle strade
ai passanti distratti.

Fuochi d'artificio di piccoli petali
che scoppiano piano sui rami.
A migliaia.

Chiare comparse di Bellezza e di Pace
presto disperse
dal vento del tempo.

Il Cuore

Il Cuore è un Mare
di puro e limpido cristallo
dove i pensieri affondano.

È la terra di luce
dove nasce il fiore
dai mille petali d'oro.

È lo spazio
dove ruotano i mondi infiniti
con le lucenti stelle.

È il lago del Silenzio
l'ombra verde dove riposa il tempo
e dove canta la voce Tua immortale.

India

*Nel tempio del mio cuore
danzano ancora
l'onda delle sacre colline,
il silenzio dei piedi scalzi
e le pietre che sognano
aspettando.*

*Nell'anima mia
sprofondano
le palme, l'ombra, il sole antico,
la forza del Mare,
e della Tua luce immortale
che sempre chiama.*

Lenta la vela

Lenta la vela
al vento si abbandona,
nel silenzio del mare.

Sulla riva un gabbiano,
solo.

E ricomincia il pensiero.

Rose... rose

Rose... sbocciate
Rose incantate
Rose guardate
Rose ammirate
Rose profumate
Rose rubate
Rose tagliate
Rose spezzate
Rose strappate
Rose scordate
Rose abbandonate
Rose sfogliate
Rose sbagliate
Rose bianche
Rose rosse
sulle bare
nelle fosse.

Rose splendenti
rose morenti
rose assenti
rose gelate
rose seccate
rose sfiorite, rose finite
rose rinate
rose tornate
rose ritrovate
...Rose sbocciate...
Rose... rose...

Maggio 2024

Il richiamo dell'upupa,
il suo canto d'amore,
nel buio della notte senza luna
s'affonda.

Tutto scorre e non ritorna:
il suo canto finisce.
E nel silenzio che dilaga
ciò che permane
si disvela.

Flamenco

Da spazi lontani e sconosciuti
giungono, veloci, i cavalieri:
principi della Luce,
signori della Notte.

Con cavalli bianchi
Con cavalli neri.

Il trotto, nervoso e fatale, di mille zoccoli
come rotonda grandine
s'abbatte:
incalza e spinge il gitano,
che danza, canta, grida il suo dolore.
E sfida la morte.

Corrida

Ahi! Dios mìo!
Gli zoccoli malfermi
di un toro morente. Ucciso.

Un'agonia di nacchere e chitarre.
L'anima sua, fiera e innocente,
nel sangue dell'arena
ancora si aggira
vagando in quella danza macabra e rituale
del torero.
E il muggito verde della Madre.

POESIE PER ATMAJAY

Tu

Tu che con cuore puro,
forte e gentile,
ti avventuri
negli antichi sentieri dell'Anima.

Tu che col cuore libero
nel silenzio profondo dell'alba
solo
ti inginocchi
per respirare Dio.

Per il canto della Gayatri Mantra

Questa voce
che senza tempo
dilaga,
e nell'aria si effonde.

Questa luce
che si accende
e scorre e s'allunga
come un fiume
nel sangue e nell'anima.

Questa nota così pura
che si scioglie
senza scalfire il vuoto.

Questo suono
che danza e vibra
con echi di gioia
nelle piante, e nei fiori,
e in ogni essere
che sulla Terra vive.

Angelo

Angelo,
di sola luce armato,
nell'etere immenso
stai combattendo, senza corpo,
il male.

Arde l'anima tua
di puro Amore,
bruciando e consumando
le rovine del mondo.

Ali di Verità
smuovono il tempo
e liberi nascono
solo i fiori del Sole.

Così - per il compleanno di Atmajay

Come dalla montagna
verde e silenziosa
scende improvvisa
e precipita con forza
la cascata,
turbine d'acqua e d'argento,

così dalla mente tua,
segreta e impenetrabile,
scorre,
tempestata di luce e d'Amore,
quella parola
che dal buio conduce l'anima
al suo porto sicuro.

E come quel fanciullo
che innocente gioca
sulla riva del mare
con sabbia e conchiglie,

così tu danzi felice
fra note e armonie,
tracciando nell'etere e nei cuori
misteriose immagini
e delicati sentieri.

9 788832 188110